OUR TWO SOUL
(Bilingual edition)

Elisabetta Bagli

CP CAMBRIDGE

Title

Our Two Souls (Le nostre due anime) – Bilingual edition

Author
Elisabetta Bagli

Preface
Rebecca Bowman

Editorial Management
Stefania Del Monte

Graphic Design and Cover
Francesco Caponera
(original image courtesy of Rosa Gallego del Peso)

Translated by
Elisabetta Bagli and Fernando Val Garijo

This book is published by Ciao Publishing Ltd
(Company registered in England & Wales Number 12646908)
The Annex, 143–145 Stanwell Road, Ashford, Middlesex, TW15 3QN

ISBN 978-1-63901-959-5

To Elizabeth Barrett Browning

The beauty of strength,
the taste of courage.

La bellezza della forza,
Il sapore del coraggio.

Preface

by Rebecca Bowman

Our Two Souls is a purely lyrical enterprise, performing a function that poetry has always been used for, focusing on the myriad sentiments of love. Yet Elisabetta Bagli is still capable, in this oft touched theme, of surprising us, of allowing us to remember those first, strong inclinations toward the other, that force of feeling that wishes all good things for another person, generously, amply.

The translation is lovely, with entrancing rhythms that seem to echo the feelings she writes of. There is a musicality here that echoes that of Barrett Browning even while the poems are free verse.

As in Barrett Browning's *Sonnets from the Portuguese,* this love is expansive, it reaches the ends, the breadth, and the depths of the world and yet it does not feel false; it is not hyperbole, it is true and authentic. It is a pure soul's purest outreach.

The book celebrates the love between one person and another, a love that includes the physical, spiritual, and emotional, that does not divide the body from the soul. Like *Sonnets from the Portuguese* all the poems seem to have the same speaker and are directed to the loved one, following a progression and exploring different aspects of their relationship. The emotions expressed are unique and nuanced and yet universal. We remember having these feelings, we feel them now, perhaps some of us have yet to feel them but will at some time in the future.

If love is an act of the will, Bagli shows she can do this. This life force that can touch another is present in poem after poem. There are verses here that are timeless and others with details that show they are set in this year; some seem to echo Barrett Browning so closely that one wonders who authored them.

Bagli's imagery is enticing: "*I want to be your swallow/And fly over your dying sea*".

The collection is a contemporary take on an age-old emotion. This is not postmodernity; there is no wink, it is a poetry as naked and sincere as it should be. Not aiming to astound or to be clever, it has reached that point of sophistication when one realizes that the simplest lines are the wisest and the truest. In this way Bagli's poems hold an elegance like that found in the works of Machado, of Hernández, of Mistral, in the rotund love poems of Rilke. Joining with Elizabeth Barrett Browning, Bagli expresses herself with courage and with candour, not locked into any sort of oppressed feminine role but rather speaking with the strength of a firm, centred soul. While Barrett Browning exalted her lover and wrote with a certain meekness and humility of herself, the force of her passion and her subtle intellect gave her a personhood and agency that was remarkable for her time. The *persona* of Bagli's poems is on a more equal footing with her beloved, but there is a similar simplicity and modesty in her stance that is engaging. And yet, fervour is ever present, emotions are physical, sensations reach a spiritual plane. There is a cumulative meaning to this collection, about a love that persists and does not, like so many, fizzle out.

But as all good literature is irreducible, it is often best to simply sample a few of Bagli´s verses to grasp what she does:

...And the moon tells
Of kisses along walls
And naked and real bodies,
Of embraces in the light
And destinies through the foliage,
Of lives already carved,
But shocked by the
Milky and swollen waves,
Of love at the window.

And in another poem:

I wonder now:
Where will my futile thought go?
Where will it nest in your heart?
It just escapes from my mouth
And like a chilly wind reaches
The pulsating jewel
Where it now slowly dies.

And in one more:

...Root and breath of my days
You, storm of light and healthy comfort,
I want you
To sweeten my song.

One recalls those verses of Barrett Browning in a sonnet that pleads with Robert Browning to say over and over that he loves her:

...Who can fear
Too many stars, though each in heaven shall roll,
Too many flowers, though each shall crown the
year?

One may ask why we must write more and more love poems, when there are so many beautiful ones, but we need all the love poems we can muster, to at least give balance to a world that has turned sly, manipulative, cruel or filled with despair. Remembering that these sentiments of kindness and pleasure and desire still exist between one person and another helps us to see how good it is to be in the world. Many years ago, John Lennon described the first exhibit of Yoko Ono that he went to and how, at one point, he climbed up a ladder, peered through a lens and saw a simple word, the word *Yes.* That is what I feel about this collection, that it is one that reverberates what is the greatest, the most necessary cry in the Universe, that which affirms, that wishes for life, that loves.

Rebecca Bowman has won grants for her writing at the state and national level in Mexico and was awarded the Juan B. Tijerina State Prize for Short Story, the State Prize for Short Story ISSSTE and the Manuel Acuña International Playwriting Prize. Her books include *Los ciclos íntimos, La vida paralela, Horas de visita, Unfinished Business and Other Stories, Portentos de otros años,* and *Lugar de aguas.*

Prefazione

La raccolta *Le nostre due anime* è un'impresa puramente lirica, che svolge la funzione per la quale la poesia è sempre stata utilizzata, concentrandosi su una miriade di sentimenti d'amore. Eppure, nonostante questo sia un tema ricorrente nella letteratura, Elisabetta Bagli è ancora capace di sorprenderci, di farci ricordare quelle prime, forti inclinazioni verso l'altro, quella forza del sentimento che augura ogni bene alla persona amata, in modo ampio e generoso.

La traduzione è adorabile, con ritmi affascinanti che sembrano rieccheggiare i sentimenti di cui scrive. C'è una musicalità che ricorda quella di Barrett Browning, anche se le poesie sono in versi liberi.

Come nei *Sonetti dal Portoghese* di Barrett Browning, questo amore è espansivo, raggiunge i confini, l'ampiezza e le profondità del mondo e tuttavia non sembra falso; non è un'iperbole, è vero e autentico. È il più puro raggio d'azione di un'anima candida.

Il libro celebra l'amore tra due persone, un amore che include l'aspetto fisico, spirituale ed emotivo, che non divide il corpo dall'anima. Come i *Sonetti dal Portoghese*, tutte le poesie sembrano avere lo stesso oratore e sono dirette alla persona amata, seguendo una progressione ed esplorando i diversi aspetti della relazione. Le emozioni espresse sono uniche e sfumate, eppure universali. Ricordiamo di aver avuto questi sentimenti, li proviamo ora, forse alcuni di noi non li hanno ancora provati ma lo faranno in futuro.

Se l'amore è un atto di volontà, Bagli dimostra che può agire. Questa forza vitale che giunge al lettore è presente in ognuna delle poesie che si susseguono nel libro. Ci sono versi senza tempo e altri pieni di dettagli rivelatori, di una chiara ambientazione odierna; alcuni sembrano fare eco a Barrett Browning così da vicino che ci si chiede chi li abbia creati.

Le immagini di Bagli sono allettanti: "*Voglio essere la tua rondine / mentre vola sul tuo mare che muore*".

La silloge poetica è una rivisitazione contemporanea di un'emozione secolare. Questa non è postmodernità; non vi è ammiccamento, giacché la poesia di Bagli è una poesia nuda e sincera come dovrebbe essere. Non mira a stupire o a essere intelligente, ha raggiunto quel punto di raffinatezza in cui ci si rende conto che le linee più semplici sono le più sagge e le più vere. Le poesie di Bagli conservano così un'eleganza come quella che si trova nelle opere di Machado, Hernández, Mistral, nelle rotonde poesie d'amore di Rilke. Insieme a Elizabeth Barrett Browning, Bagli si esprime con coraggio e franchezza, senza essere limitata da un qualunque ruolo femminile oppresso ma, piuttosto, parlando con la forza di un'anima sicura e diretta. Mentre Barrett Browning esaltava il suo amante e scriveva con una certa mitezza e umiltà di se stessa, la forza della sua passione e il suo sottile intelletto le davano una personalità e una capacità di azione che erano notevoli per il suo tempo. La *persona* delle poesie di Bagli è su un piano più alla pari con il suo amato ma vi sono, nella sua posizione, una semplicità e una modestia coinvolgenti. Eppure il fervore è sempre presente, le emozioni sono fisiche, le sensazioni raggiungono un piano spirituale. C'è un significato cumulativo in questa collezione, su un amore che persiste e non si esaurisce, come tanti.

Ma poiché tutta la buona letteratura è irriducibile, è meglio semplicemente campionare alcuni versi di Bagli per capire a cosa mi riferisco:

...e la luna racconta
di baci lungo i muri
e corpi nudi e veri,
di abbracci nella luce
e destini tra le fronde,
di vite già scolpite,
ma scosse dalle onde
lattiginose e piene,
dell'amore alla finestra.

E in un'altra poesia:

Mi chiedo ora:
dove andrà il mio futil pensiero?
Dove anniderà nel tuo cuore?

Sol fugge dalla mia bocca
e qual gelido vento raggiunge
il gioiello pulsante
dove ormai lentamente muore.

E in un'altra ancora:

... radice e respiro dei giorni miei
te, tempesta di luce e sano conforto,
voglio te
per addolcire il mio canto,
confuso tra le onde lontane

Inevitabile, allora, il ricordo di quei versi di Barrett Browning in un sonetto in cui implora Robert Browning di dire più volte che la ama:

... Chi può aver paura
Troppe stelle, anche se ciascuna in cielo rotolerà,
Troppi fiori, anche se ognuno coronerà l'anno?

Ci si potrebbe chiedere perché dobbiamo scrivere sempre più poesie d'amore, quando ne esistono già tante belle; ma abbiamo bisogno di tutte le poesie d'amore che possiamo raccogliere per dare equilibrio a un mondo che è diventato furbo, manipolatore, crudele e pieno di disperazione. Ricordare che questi sentimenti di gentilezza, piacere e desiderio esistono ancora tra due persone ci aiuta a vedere quanto è bello stare al mondo. Molti anni fa, John Lennon descrisse la prima mostra di Yoko Ono a cui andò e come, a un certo punto, salì su una scala e, scrutando attraverso una lente, vide una semplice parola: la parola *Sì*. Ciò è quel che sento per questa silloge, che riverbera, il più grande e necessario grido dell'Universo, che afferma e desidera per la vita, che ama.

Rebecca Bowman ha vinto diverse borse di studio per la scrittura in Messico e ha ricevuto il Premio di Stato *Juan B. Tijerina* per racconti brevi, il Premio di Stato per il racconto ISSSTE e il Premio internazionale di drammaturgia Manuel Acuña. I suoi libri includono *Los ciclos íntimos*, *La vida paralela*, *Horas de visita*, *Unfinished Business and Other Stories*, *Portentos de otros años* e *Lugar de aguas*.

My Little Portuguese[i]

(To Elizabeth Barrett Browning)

If I were a bee, oh Muse,
What a noble messenger,
I'd teach you to sing
Between the light waves,
Sating earth and sky
With divine nectar
That in childhood was
Food and the sacred destiny
Of Zeus in Mount Ida.

If I were sap, oh Gea,
Like an ancient healer
I would distil every drop
To heal your bones,
I would germinate my seed
To grow your leaves
And, in the already merciless wind,
Between waves and sweet dreams,
Compose a melody.

If I were only time,
I would guard the Hours,
Free from all evil,
To live new sunrises
And days and nights again,
To hug you, Love,
On the infinite lawn
Where everything ignites and burns;

That green and warm grass,
Fraught with memories,
My future companions,
My little Portuguese,
When nothing of you shall remain

But the shade and your scent
On that white pillow...
And then, not even that.

Mia piccola portoghese[ii]

(a Elizabeth Barrett Browning)

S'io fossi ape, oh Musa,
qual nobil messaggera,
ti insegnerei a cantare
tra l'onde luminose,
saziando terra e cielo
col nettare divino
che nell'infanzia fu
alimento e sacra sorte
di Zeus al monte Ida.

S'io fossi linfa, oh Gea,
qual taumaturgo antico
distillerei ogni goccia
fino a curarti l'ossa,
germoglierei il mio seme
per crescer le tue fronde
e, al vento già impietoso,
tra flutti e dolci sogni,
comporre melodia.

S'io fossi solo tempo,
custodirei le Ore,
scevre da ogni male,
per viver nuove aurore
e giorni e notti ancora,
per abbracciarti, Amore,
nell'infinito prato
ove tutto infiamma e brucia;

quel prato verde e caldo,
gravido di bei ricordi,
compagni miei futuri,
mia piccola portoghese,
quando di te non rimarran

che l'ombra e il tuo profumo
su quel cuscino bianco...
e, poi, neanche quello.

Beat

Tell me, my love,
Can you hear the notes
Of our song?
Can you live from the distance
The light and its nuances?
Can you see the trees grow
And their fruits,
Without the intimacy of my presence?

Tell me, my heart,
Can you tame the reins
Of our wild souls?
Whip the storm
That threatens the perennial sun?
Give me the insatiable rhythm
Of your waves,
Without falling into the blackest abyss?

It's not easy, I know.

But you are the power and the will,
The time and its forms,
The desire of the infinite.

You are the throbbing smile
Merging into the fire of sunset,
That unravels on our spring.

You are that incessant and true beat
That only I live, I feel and breathe.

Battito

Dimmi, amore mio,
riesci a sentire le note
della nostra canzone?
A vivere nella distanza
la luce e le sue sfumature?
A veder crescere gli alberi
e i loro frutti,
senza l'intimità della mia presenza?

Dimmi, cuore mio,
riesci a domare le redini
delle nostre anime selvagge?
A frustare la tormenta
che minaccia il sole perenne?
A regalarmi il ritmo insaziabile
delle tue onde,
senza cadere nell'abisso più nero?

Non è facile, lo so.

Però tu sei il potere e la volontà,
il tempo e le sue forme,
il desiderio dell'infinito.

Tu sei il sorriso palpitante
che si fonde nel fuoco del tramonto,
che si dipana sulla nostra primavera.

Tu sei quel battito incessante e vero
che solo io vivo, sento e respiro.

Man

You hide behind
Masks of indifference
Your palpitating arteries of man
Dripping powerless
Filling agonal vessels,
Digressing in pain.
Regretting words said,
Brittle and hard as you,
Feeling them beat inside your head,
Heavy suspicions,
Like rusty presses
Crush your mind,
Shaking his fist.
Disbelieve
He who wants you to be sand or zephyr,
He who thinks you are callow and immature
And hits you staining
Your certainties with blood.
Only an adult and true man
Was able to lift my chin
Without hesitation.
Only a strong and virile man
Could take my hands
And take me to see
The light of my new Sun.

Uomo

Nascondi dietro
maschere d'indifferenza
le tue arterie pulsanti di uomo
che gocciolano impotenti
colmando vasi agonici,
sconfinanti nel dolore.
Rimpiangendo parole dette,
fragili e dure come te,
senti sbatterle nella testa,
sospetti pesanti,
quali presse arrugginite
schiacciano la tua mente,
stringono il suo pugno.
Non credere
a chi ti vuole sabbia o zefiro,
a chi ti pensa imberbe e immaturo
e ti colpisce macchiando
le tue certezze di sangue.
Solo un uomo adulto e vero
ha potuto sollevare il mio mento
senza esitazioni.
Solo un uomo forte e virile
ha potuto prendermi le mani
e portarmi a vedere
la luce del mio nuovo Sole.

The Sea

The sea tells me about you
How its drops
Pearl your feet
And their kiss makes them alive,
Ready to run to new shores,
To meet true happiness.

The sea tells you about me
How your hands
Were freed from the anchor
And the fury of your waves
Awakened colours
Tempering my flesh with love.

The sea tells me about you
How the white foam
Of your life craves freedom
Between my rough rocks
And your tongue of sand
Becomes light in my towers.

The sea tells you about me,
How my warm song
Mingles with the waves,
Living notes earthly and divine,
Modulates verses and wishes
Forever inhabited by you.

The sea tells us
How the tempest
Of our souls,
- Reeds bent to the winds -
Subsided in the arms
Of the infinite white moon.

Il mare

Il mare mi racconta di te
di come le sue gocce
imperlano i tuoi piedi
e il loro bacio li rende vivi,
pronti a correre verso nuovi lidi,
a incontrare vera felicità.

Il mare ti racconta di me
di come le tue mani
mi hanno liberato dall'ancora
e la furia dei tuoi flutti
ha risvegliato i colori,
temprando la mia carne d'amore.

Il mare mi racconta di te
di come la spuma bianca
della tua vita anela libertà
tra i miei impervi scogli
e la tua lingua d'arena
si fa luce tra le mie torri.

Il mare ti racconta di me,
di come il mio tiepido canto
si mesce alle onde,
vive note terrene e divine,
modula versi e desideri
per sempre abitati da te.

Il mare ci racconta di noi
di come la tempesta
delle nostre anime,
-        giunchi piegati ai venti -
si sia placata tra le braccia
dell'infinita bianca luna.

Your Heart

Your heart
Is sewn to mine
As the skin
Uniting the chests
Open in the fury
Of a fleeting hug,
Like silent and vibrant
Islands
Eternally touching
Their nakedness.

Your heart
Is sewn to mine
With the intrepid wire
Of the words
That arise from the song
Of hidden souls
And populate dreams
And skies of life.

Your heart
Is sewn to mine,
Palpitating blood
Cloudless,
Exploding into our eyes,
In our hands
And only we
Know why.

Il tuo cuore

Il tuo cuore
è cucito al mio
come la pelle
che unisce i toraci
aperti nella furia
di un effimero abbraccio,
come isole silenziose
e vibranti
che toccano eterne
la loro nudità.

Il tuo cuore
è cucito al mio
col filo intrepido
delle parole
che sorgono dal canto
d'anime nascoste
e popolano sogni
e cieli di vita.

Il tuo cuore
è cucito al mio,
sangue pulsante
privo di nubi,
che esplode negli occhi,
nelle nostre mani
e solo noi
sappiamo perché.

Not Without You

I don't want the summer without you,
Without love in the hay
And thirsty hands,
Without mature bodies
Like ears of corn
Genuflected to the earth on fire,
Bowing to the humility of the fruit.
I don't want the summer without you,
Without the mouth
That calms my anxiety,
Without the trembling life of gold,
Divine music caressed by the wind.

I want you,
Root and breath of my days
You, storm of light and healthy comfort,
I want you
To sweeten my song,
Confused among the distant waves
Of a world that is already Paradise.

Non senza te

Non voglio estate senza te,
senza l'amore sul fieno
e le mani assetate,
senza corpi maturi
qual spighe di grano
genuflesse alla terra infuocata,
inchinate all'umiltà del frutto.
Non voglio estate senza te,
senza la bocca
che acquieta la mia ansia,
senza la vita tremante dell'oro,
divina musica accarezzata dal vento.

Voglio te,
radice e respiro dei giorni miei
te, tempesta di luce e sano conforto,
voglio te
per addolcire il mio canto,
confuso tra le onde lontane
di un mondo che è già Paradiso

... And the Moon Tells

... And the moon tells
Of kisses along walls
And naked and real bodies,
Of embraces in the light
And destinies through the foliage,
Of lives already carved,
But shocked by the
Milky and swollen waves,
Of love at the window.

... And the moon tells
Of storms on the back
And sides like arches,
Of elegant violins
And the heat of the night,
Of the red sorrows
And glowing eyes,
Of hidden toasts
When everything around is peace.

... And the moon tells
Of the wind between fingers
And intense and strong hands,
Of words on lips
Painted in old rooms,
Of us, fragile souls
Doomed to silence,
More eternal than gold,
Shining at the unsuspecting world.

...e la luna racconta

...e la luna racconta
di baci lungo i muri
e corpi nudi e veri,
di abbracci nella luce
e destini tra le fronde,
di vite già scolpite,
ma scosse dalle onde
lattiginose e piene,
dell'amore alla finestra.

...e la luna racconta
di tempeste sulla schiena
e fianchi come archi,
di eleganti violini
e il calore della notte,
del rosso degli affanni
e di occhi incandescenti,
di brindisi nascosti
quando tutto intorno è pace.

...e la luna racconta
del vento tra le dita
e mani intense e forti,
di parole sulle labbra
dipinte in vecchie stanze,
di noi, fragili anime
votate al silenzio,
eterno più dell'oro,
splendenti al mondo ignaro.

At the Seaside

Barefoot, on the seaside
Footsteps combed by the waves
Struggling under veils
Of iridescent foam.
The milky tide, dense,
Engulfs my whole life,
Covering every meanness.

The breeze murmurs among the rocks
Death voices swallowed by the shadow.
The wind whispers in the clouds
Echoes of ancient battles.

Mistress of my blood
And of my skin,
Mistress of nothing,
Even me,
Inane, I roam the beach,
Looking for you, my destiny.

Love me between free drops of love
And hold me in your arms
On this night full of stars,
Let me be born again and remember
The dawn painted on our bodies.

I want to live with you
Sun and Moon,
Light and Darkness;
I want to be your swallow,
And fly over your dying sea.

In riva al mare

A piedi nudi, in riva al mare,
orme pettinate dalle onde
lottano sotto veli
di spuma cangiante.
La marea lattea, densa,
sommerge la vita intera,
coprendo ogni meschinità.

Mormora la brezza tra gli scogli
morte voci inghiottite dall'ombra.
Sussurra il vento tra le nubi
echi di antiche battaglie.

Padrona del mio sangue
e della mia pelle,
padrona di niente,
neanche di me,
vago inane sulla spiaggia,
cercando te, il mio destino.

Amami tra gocce libere d'amore
e stringimi tra le tue braccia
in questa notte piena di stelle,
fammi rinascere e ricordare
l'alba dipinta sui nostri corpi.

Voglio vivere insieme a te
Il Sole e la Luna, la Luce e il Buio;
voglio essere la tua rondine,
mentre vola sul tuo mare che muore.

Forgetting You

Night birds
Chasing each other in the sky,
Covering the face of the moon.
Screeching in the darkness
Of our love
Chains of words,
Infinite holograms
Of perverse illusions.
I'm guilty
Of this game of massacre,
Where my wounded face
Carries the bloody furrows
Of your refusal.
My soul
Is a tenacious fury that insists
In not letting you go.
You don't want me and I turn away,
Making me consume in doubt.
Tell me and make me scream,
Tell me and don't worry.
I will rise from the ashes
On which my limbs
Have gotten drunk.

I will end my days,
Forgetting you.

Dimenticandoti

Uccelli notturni
si rincorrono nel cielo,
coprendo il volto della luna.
Stridono nelle tenebre
del nostro amore
catene di parole,
ologrammi infiniti
d'illusioni perverse.
Colpevole sono io
di questo gioco al massacro,
in cui il mio viso ferito
porta i solchi insanguinati
del tuo rifiuto.
L'anima mia
è una furia tenace che si ostina
a non lasciarti andare.
Non mi vuoi e mi allontani,
facendomi macerare nel dubbio.
Dimmelo e fammi urlare,
dimmelo e non preoccuparti.
Risorgerò dalle ceneri
delle quali ho ubriacato
le mie membra.

Finirò i miei giorni,
dimenticandoti.

The Wire

A mantle of eternal frost, your words
On arms and legs petrified,
Immobile memories nailed
To our cruel passion.

Helpless body, only the eyes alive
Spinning freely in the room of the roses
Where words of love echo
Clear as the timid dawn,
Purple as the most daring of sunsets.

No one knows what crown of thorns
Our secret is
Anchored at the thought
That surrounds and frees us,
That makes us live and love;
No one will ever hear its sighs
And welcome the hot flavour
Of the lips of delirium,
When desire is unbearable
And it will explode in Paradise.

I wonder now:
Where will my futile thought go?
Where will it nest in your heart?
It just escapes from my mouth
And like a chilly wind reaches
The pulsating jewel
Where it now slowly dies.

You are the name of the whip
That everyday lashes
My limbs.
You are the name of that wire
Which still binds us,
Stainless, to life.

Il filo

Manto di gelo eterno le tue parole
su gambe e braccia pietrificate,
immobili ricordi inchiodati
alla nostra crudele passione.

Impotente il corpo, vivi solo gli occhi
che a vuoto girano nella stanza di rose
ove riecheggiano frasi d'amore
chiare come la timida aurora,
purpuree come il più audace dei tramonti.

Nessuno conosce qual corona di spine
sia il nostro segreto
ancorato al pensiero
che ci attanaglia e ci libera,
che ci fa vivere e amare;
nessuno mai ascolterà i suoi sospiri
e accoglierà il caldo sapore
delle labbra del delirio,
quando il desiderio sarà insopportabile
e vorrà esplodere nel Paradiso.

Mi chiedo ora:
dove andrà il mio futil pensiero?
Dove anniderà nel tuo cuore?
Sol fugge dalla mia bocca
e qual gelido vento raggiunge
il gioiello pulsante
dove ormai lentamente muore.

Sei il nome di quella frusta
che ogni giorno percuote
le mie membra.
Sei il nome di quel filo
che ancor ci lega,
inossidabili alla vita.

Stairs

In the dark upstairs
Where sadness asphyxiates me
I remember your penetrating eyes,
Your unfulfilled promises,
The flavour of the words
Forever rolled down
Deep into this blackness,
How those wet kisses
Of a still uncertain dawn
Like our hours of love,
And your musky skin,
A rough path
On which I found myself
Climbing the white walls
To discover a new me.
Now that I am here
I have tears coming down
Along the steps into the unknown.
I see the abyss at my feet
And the deadly mystery
That hides the darkness
While it cries of fear.

I want wings to fly
And reach you,
I want wings to hold you
To my breast once again.

La scala

In cima alla scala buia
dove la tristezza mi asfissia
ricordo i tuoi occhi penetranti,
le tue promesse incompiute,
il sapore delle parole
rotolate giù per sempre
in fondo a questo nero,
come quei baci umidi
di un'alba ancora incerta
come le nostre ore d'amore
e la tua pelle di muschio,
impervio sentiero
sul quale mi son trovata
risalendo le pareti bianche
per scoprire nuova me.
Ora che son qui
ho lacrime che scendono
lungo i gradini verso l'ignoto.
Vedo l'abisso ai miei piedi
e il mistero letale
che nasconde il buio
mentre piange di paura.

Voglio ali per volare
e arrivare da te,
voglio ali per stringerti
al mio seno una v

I Never Told You

I never told you
He gave me life,
Wings to fly,
Smile to lay
On rose petals,
He dressed of eternity
Our rays of sunshine,
He loved my naked body,
My soul in precarious balance,
My bright and vivid eyes
And he continues to do so.

I never told you
I also know
The taste of his lips,
The appeal of his hands
And his seductive look,
A bold invitation to follow
His secret,
To live the passion
Along the rails of a train
And feel the power
Poured into the limbs.

I never said thanks to you
For the pains and joys,
The energy and the torments,
The songs and the love
That, in secret,
Your man gives me
At every instant.

Non ti ho mai detto

Non ti ho mai detto
che lui mi ha dato la vita,
le ali per volare,
il sorriso da posare
su petali di rosa,
ha vestito di eternità
i nostri raggi di sole,
ha amato il mio corpo nudo,
la mia anima in bilico,
i miei occhi brillanti e vividi
e continua a farlo ancora.

Non ti ho mai detto
che anch'io conosco
il sapore delle sue labbra,
la voluttà delle sue mani
e quel suo sguardo seducente,
audace invito a percorrere
il suo segreto,
a vivere la passione
lungo i binari di un treno
e sentire quella potenza
riversata nelle membra.

Non ti ho mai detto grazie
per i dolori e le gioie,
le energie e i tormenti,
i canti e l'amore
che, in segreto,
il tuo uomo mi regala
in ogni istante.

Milk and Honey

(To John Lennon and Yoko Ono[iii])

We are Milk and Honey, my Life!
Like Earth and Heaven,
Like the Moon and Sun,
Day and Night!

We are different, fundamental,
Unique, complementary.

We are the explosive mixture
Filling pages and smiles,
That resonates everywhere
With notes of our songs,
With words
Which taste of spring.

Are you ready,
Thought that flourishes?
Are you ready to follow me
To infinity?

So, take my hand
And let's go!
We fly away,
Where our breathing becomes melody,
Nourishing our kisses
And our bodies of ambrosia.

Take my hand,
Princess!
Remove the black kimono
From my skin,
While I will remove yours,
Leafing through it like a dream.

We will love each other naked
On the tatami of roses,
We will dance naked
In the light of the flames

Like the first time
When we loved one another.

Let's start over,
It is time for love
And strawberries!
Let's start over,
Since the Lord, now, blesses us!
Grow old with me
And make your love
Always grow old with mine!

Latte e miele

(a John Lennon e Yoko Ono[iv])

Siamo Latte e Miele, Vita mia!
Come la Terra e il Paradiso,
come la Luna e il Sole,
il Giorno e la Notte!

Siamo diversi, fondamentali,
unici, complementari.

Siamo quella miscela esplosiva
che riempie pagine e sorrisi,
che risuona per ogni dove
con le note delle nostre canzoni,
con le parole
che sanno di primavera.

Sei pronta,
pensiero che fiorisce?
Sei pronta a seguirmi
fino all'infinito?

Allora prendimi per mano
e andiamo!
Voliamo lontano,
dove i respiri diverranno melodia,
nutrendo i nostri baci
e i nostri corpi d'ambrosia.

Prendimi per mano,
principessa!
Togli il Kimono nero
dalla mia pelle,
mentre io toglierò il tuo,
sfogliandolo come in un sogno.

Nudi ci ameremo
sul tatami di rose,
nudi danzeremo
nella luce delle fiamme

come la prima volta
in cui ci siamo amati.

Ricominciamo,
che è tempo d'amore
e di fragole!
Ricominciamo,
che il Signore, ora, ci benedice!

Cresci con me
e fa' che il tuo amore
cresca sempre col mio!

On the Banks of the Night

On the banks of the night
I dream of the white of the day,
A harmonic light fills my delirium
In the inviting darkness.

Insatiable agony are
Your iron words
That sparkle and sink,
Lacerating this present.

You erased the past,
You cancelled my name.
Lonely, on the banks of the night,
I expect a love that I don't request,
A love that I want.

Sulle sponde della notte

Sulle sponde della notte
sogno il bianco del giorno,
armonica luce riempie i miei deliri
nell'invitante oscurità.

Insaziabile agonia
le tue parole di ferro
che brillano e affondano,
lacerando il presente.

Hai cancellato il passato,
hai cancellato il mio nome.
Sola, sulle sponde della notte,
aspetto un amore che non chiedo,
un amore che voglio.

Origin

Who knows if you hear this murmur
That moves the stars and the seas
And mitigates the doors of time,
That greedily and ruthlessly
Thickens the black and silver colours of the world.

I wonder if you listen to the fertile song of the Universe
When it opens its forces
And lets the beauty of dawn in bloom breathe
Generating naked and carefree love
Of ravenous sparrows and delirious lovers.

I wonder if all this is a dream
Or if it's life that calls you by your name,
Resounding its echo
In the fugitive and sylvan air,
Crossing rivers and seasons,
Shaping wine and blood
In the evanescence of a light
That becomes dance and sound
And becomes body and face.

It is the origin; it's life.
It is you.

Origine

Chissá se senti questo mormorio
che muove le stelle e i mari
e mitiga le porte del tempo,
che avido e spietato
addensa il nero e l'argento del mondo.

Chissà se ascolti il canto fertile dell'Universo
quando schiude le forze
e lascia respirare la bellezza dell'alba in fiore,
generando l'amore nudo e spensierato
di passeri voraci e amanti deliranti.

Chissà se tutto questo è un sogno
o è la vita che ti chiama per nome,
risuonando la sua eco
nell'aria fuggitiva e silvestre,
attraversando fiumi e stagioni,
foggiando vino e sangue
nell'evanescenza di una luce
che si fa danza e suono
e diventa corpo e volto.

È l'origine; è la vita.
Sei tu.

I Would Lose Myself

(To John Lennon and Yoko Ono)

I would lose myself in your skin,
In your perfume,
In your innocent and naughty look,
In your being a woman,
Geisha and aggression,
In your being female,
Mortal and divine,
Like a lethal poison
I have already swallowed,
Like a risky game
Of sharp blades.

I would lose myself in your eyes,
In your smell,
In your moist and hot lips,
In your being a man,
Lover and perversion,
In your being male
Manly and furious,
Dense as the life
That now sparks in my flesh,
Exciting as Death
That comes to stop our game.

Io mi perderei

(a John Lennon e Yoko Ono)

Io mi perderei sulla tua pelle,
nel tuo profumo,
nel tuo sguardo innocente e malizioso,
nel tuo essere donna,
geisha e aggressione,
nel tuo essere femmina,
mortale e divina,
letale come un veleno
che ho già ingoiato,
rischiosa come un gioco
di lame affilate.

Io mi perderei sui tuoi occhi,
nel tuo odore,
nelle tue labbra umide e bollenti,
nel tuo essere uomo,
amante e perversione,
nel tuo essere maschio
virile e rabbioso,
denso come la vita
che ora scintilla nella mia carne,
esaltante come la morte
giunta a fermare il nostro gioco.

I Saw You

I saw you cry
While your eyes
Were looking for the embrace
That I couldn't give you
And now I would give you.

I saw you laugh
And chase the dream
That you caressed
On my bare legs
As I climbed the stairs
Breathing your home in.

I saw you grunt and sweat,
Erase all boundaries
Between your body and mine,
Drinking from the navel of life
Steaming and vibrating water,
The elixir of memories
That quenches the thirst of our distant flowers,
Soaked in delicious nostalgia.

Ti ho visto

Ti ho visto piangere
mentre i tuoi occhi
cercavano quell'abbraccio
che non ho saputo darti
e che ora ti darei.

Ti ho visto ridere
e correre dietro al sogno
che accarezzavi
sulle mie gambe nude
mentre salivo le scale
respirando la tua casa.

Ti ho visto gemere e sudare,
cancellare ogni confine
tra il tuo corpo e il mio,
bere dall'ombelico della vita
acqua fumante e tremula,
l'elisir dei ricordi
che disseta i nostri fiori lontani,
intrisi di deliziosa nostalgia.

Sprays Of Life

(To Lidia Ferrara[v])

Our life together
Is like our home.

A luxury of books,
Beds, bought,
Almost forgotten;
A set of sheets,
Immaculate, wrinkled,
Written each day;
A spotted coat of photographs
Of yesterday, of today,
Of sprays of life,
Observing the sun and the night;
A wild mixture of pillows
Where we alleviate suffering
And listen to the echo of illusions,
Where the smiles live
That erase all the torments.

Our life together
Is like a string of coloured pearls
A long, bright steel wire,
A unique necklace,
To wear forever.

Spruzzi vitali

(a Lidia Ferrara[vi])

La nostra vita insieme
è come la nostra casa.

Un rigoglio di libri,
letti, comprati,
quasi dimenticati;
un insieme di fogli,
immacolati, stropicciati,
scritti ogni giorno;
un maculato manto di fotografie
di ieri, di oggi,
di spruzzi vitali,
osservando il sole e la notte;
una selvaggia miscela di cuscini
ove alleviare le sofferenze
e ascoltare l'eco delle illusioni,
ove vivere i sorrisi
che cancellano tutti i tormenti.

La nostra vita insieme
è come una collana di perle colorate
lungo un brillante filo d'acciaio,
una collana unica,
da indossare sempre.

Rain of Words

(Dedicated to the love for words of EBB and RB)

Incessant rain
On the glass as I think of you.
The explosion of your words
Implodes inside of me:
A pleasure chained
That cannot scream.
I bite my fingers
So as not to be discovered,
I panic and, through the sighs,
Water falls on me
Satisfying my appetites,
Quenching the thirst of my limbs.

My words
Slipped on your skin
Like boiling drops
And tears of passion
That your naive face
Kindled inside of me.
I'd like to scream your name
To the sky and the moon,
But only a rain of tears
Soaks my dream of you,
Of soft curves
Caressed by the wind.

Pioggia di parole

(All'amore per le parole dei coniugi Browning)

Incessante la pioggia
sul vetro mentre ti penso.
L'esplosione delle tue parole
implode dentro me:
piacere incatenato
che non può gridare.
Mordo le mie dita
per non farmi scoprire,
mi agito e, tra i sospiri,
cade su di me l'acqua
che placa i miei appetiti,
disseta le mie membra.

Le mie parole
ti sono scivolate sulla pelle
quali gocce bollenti
e stille di passione
che il volto tuo ingenuo
ha acceso in me.
Urlerei il nome tuo
al cielo e alla luna,
ma solo una pioggia di lacrime
bagna il mio sogno di te,
di morbide curve
accarezzate dal vento.

I'll Be Back to You

I listen to your song
And I come back from afar
To see the stars
Shed light on my body.
I am a prisoner of your soul,
Of the thunder of your mouth,
Of the lightning of your eyes,
I go back to you and listen
To the melody of your fingers
On my skin,
Leaves played by the wind
Sparkling in the black sun
Of your pupils.

I come back to you
And I immerse myself in your Light.

Torno da te

Ascolto il tuo canto
e torno da lontano
a riveder le stelle
illuminare il mio corpo.
Prigioniera della tua anima,
dei tuoni della tua bocca,
dei lampi dei tuoi occhi,
torno da te e ascolto
la melodia delle tue dita
sulla mia pelle,
foglie suonate dal vento
scintillanti al sole nero
delle tue pupille.

Torno da te
e mi immergo nella tua Luce.

Under the Sheets

Undress me and look at me
With burning eyes of love.
Kiss me and caress my breasts
With hands and eyes of fire.
Squeeze my strings of linen
And throw me into the storm.

A moment and you stumble on the bed,
A moment and we are under the sheets.

Feel the flower that beats,
Come convulsively inside the honey,
Lose yourself in my movements
As I lose myself in yours.
Tongues of fire and sweat,
Shoulders broken by shouts,
Blood boiling
And groaning,
Nails of vivid wings.

Slaves of our torments,
We shine in the truer sky.
The light of the lighthouse comes!
We enjoy the divine sign!

Now you're just a memory;
Now you're just sheets
To be extinguished and then deleted.

Tra le lenzuola

Spogliami e guardami
con occhi arsi d'amore.
Baciami e accarezza il mio seno
con mani e occhi di brace.
Stringi le mie corde di lino
e gettami nella tempesta.

Un attimo e inciampi sul letto,
un attimo tra le lenzuola.

Senti il fiore che palpita,
entra convulso nel miele,
perditi nei miei movimenti
com'io mi perdo nei tuoi.
Lingue di fuoco e sudori,
spalle rotte da grida,
dal sangue che bolle
e che geme,
da unghie di vivide ali.

Schiavi dei nostri tormenti,
splendiamo nel cielo più vero.
Arriva la luce del faro!
Godiamo il segnale divino!

Ormai sei solo un ricordo;
ormai sei solo lenzuola
da spegnere e, poi, cancellare.

Verses

(To the modern love of EBB and RB)

On the cold screen
Spotless glimpses of our lives
Chalk up in complementary verses
And everything dovetails
In a lovely, but worrying
Synchrony of images,
Fragrances never smelled,
Loves only lived
In the *transfer* of words.
What I think, you feel,
What you think, I feel,
The very sky, an accomplice
That watches over us
In parallel dimensions.
Us, united by dreams,
By the imagined heat,
Verses (Lines) lovers, rhythm lovers,
Cadence lovers.
Us, united by the passion,
We sate our existence
Only with ourselves.

Versi

(Dell'amor moderno di Elizabeth Barrett Browning e Robert Browning)

Sul freddo schermo
nitidi squarci delle nostre vite
s'inanellano in versi complementari
e ogni cosa s'incastra
in una deliziosa, ma preoccupante
sincronia di immagini,
di odori mai annusati,
di amori sol vissuti
nel transfert di parole.
Ciò che penso io lo senti tu,
quel che pensi tu lo sento io,
complice lo stesso cielo
che veglia su di noi
in dimensioni parallele.
Noi, uniti dai sogni,
dal calore immaginato,
amanti dei versi, del ritmo,
della cadenza.
Noi, uniti dalla passione,
saziamo la nostra esistenza
solo e soltanto di noi.

Wings

I would like to fly high
And discover your wings;
To know if, like mine,
They are of parchment,
If, like mine,
They enable you to touch
The sky's immensity.

I would take your hands,
Cross the clearing
And repose on a daisy
To browse its petals
And create, with you,
New wings on which
To live and love.

I would like the wind
To follow our ways
As, light and impalpable,
We pass through the clouds,
To the strong fire
Of the irreducible sun that continues
To burn in our secret.

I would like to have a thousand lives
To love you and love you again
To believe in the purity
Of Love and learn
Every inaccessible point
Of your face, and catch
The intimacy of your eyes.

I would like to fly high with you,
Into infinity.

Ali

Vorrei volare alto
e scoprire le tue ali;
sapere se, come le mie,
sono di pergamena,
se, come le mie,
ti portano a toccare
l'immensità del cielo.

Vorrei prenderti le mani,
attraversare la radura
e posarmi su una margherita
per sfogliarne i petali
e creare, insieme a te,
nuove ali con le quali
vivere e amare.

Vorrei che il vento
seguisse il nostro corso
e, impalpabili e leggeri,
valicassimo le nuvole
verso il fuoco prepotente
dell'irriducibile Sole che continua
ad ardere nel nostro segreto.

Vorrei avere mille vite
per amarti e amarti ancora
per credere nella purezza
dell'amore e conoscere
ogni punto inaccessibile
del tuo volto, coglierne
l'intimità degli occhi.

Vorrei volare alto con te,
nell'infinito.

Echoes

A beating drum
In my soul evokes
Distant memories that return;
Pyrographs on my skin
Lurking mute in the pores.

My heart dances at your pace,
Touches the strings that now
Vibrate more powerfully in the sea:
They taste of love, they taste of you.

I hear the echo of your voice
It asks the impossible to me.
I can only love you now,
For a minute, for an hour!
I can only do it here,
In the secret room of the night!

There is no past for our eyes,
But the gift of the present.
There is no future in our hands,
But the warmth of a dream.

Tomorrow we will be wireless frames,
Lost, but warped by time,
Hardened by the new wind,
Dreaming of being able to weave ourselves.

Echi

Un tamburo battente
nella mia anima evoca
ricordi lontani che ritornano;
pirografie sulla pelle
si celavano mute nei pori.

Il mio cuore danza al tuo ritmo,
tocca quelle corde che ora
vibrano più potenti nel mare:
sanno d'amore, sanno di te.

Odo l'eco della tua voce
che mi chiede l'impossibile.
Posso amarti solo adesso,
un minuto, un'ora!
Posso farlo qui soltanto,
nella stanza segreta della notte!

Non c'è per i nostri occhi,
ma il regalo del presente.
Non c'è futuro per le nostre mani,
ma il calore di un sogno.

Domani saremo telai senza fili,
persi, ma orditi dal tempo,
temprati dal nuovo vento,
illusi di poter tessere noi.

Bud

A seed without care
Doesn't sprout.
A seed without love
Dries up all hopes.

We thought it had been lost.

In vain we looked for it
In the flat salina
Of the *Salar de Uyuni*[vii],
In the dry shrubs
Of Patagonia,
In the thinned trees
Of the African savannah
But, we found it
In uncontaminated areas
Of our souls.
It could still live.
We took care of it
To hear its poetry,
At least once.

It has sprouted, now!

Now that they shouldn't,
Silky leaves have sprouted,
Fresh, like us.
Now that we shouldn't,
We embrace the unknown life,
Rocking it in the expectation
That it should compensate us
For the time that doesn't return,
Loving it as that child
That we will never have.

We enjoyed the ecstasy
Filling our dawns
Until yesterday,
When you had to quench your thirst

With helpless tears
That nourish the rebel gem,
The sad gift of waiting.

Indissoluble, we wander
Along the unusual routes
Of our lives:
We are equidistant.

Our bud
Will never bloom.

Germoglio

Un seme senza cure
non germoglia.
Un seme senza amore
prosciuga tutte le speranze.

Lo credevamo perso.

Invano l'abbiamo cercato
nella distesa salina
del Salar de Uyuni[viii],
tra gli arbusti secchi
della Patagonia,
tra gli alberi diradati
delle savane africane
ma, l'abbiamo trovato
negli spazi incontaminati
delle nostre anime.
Poteva ancora vivere.
Ci siamo presi cura di lui
per sentire la sua poesia,
almeno una volta.

È germogliato, ormai!

Ora che non devono,
seriche foglie sono spuntate,
fresche, come noi.
Ora che non dobbiamo,
abbracciamo la vita sconosciuta,
cullandola nell'illusione
che ci possa consolare
del tempo che non ritorna,
amandola come quel figlio
che non avremo mai.

Abbiamo goduto l'estasi
che ha riempito le nostre albe
fino a ieri,
quando la sete si è dovuta placare

con le lacrime impotenti
che nutrono la gemma ribelle,
dono dell'attesa.

Indissolubili vaghiamo
nei percorsi inediti
delle nostre vite:
siamo equidistanti.

Il nostro germoglio
non fiorirà mai.

You Are Wind. I'm Rock.

You look for me.
You are the wind whipping
Blowing crazy above me:
I feel your scourge screeching.
I'm the rock that resists you.

You touch me lightly.
You are the sweet wind
That caresses me in love:
I make your sighs my own.
I'm shaped into a rock by you.

You call me.
You are the panting wind
Which consummates above me:
I hear your cries for help.
I'm a rock anchored to the ground.

You want me.
You are the strong wind
Who returns to erode me:
I surrender to your desire.
I am a crushed rock.

I'm flying.
I'm dust in the blowing wind.

Sei vento. Sono roccia.

Mi cerchi.
Sei il vento sferzante

che soffia folle su di me:
sento stridere il tuo flagello.
Sono roccia che ti resiste.

Mi sfiori.
Sei il vento dolce
che mi accarezza nell'amore:
faccio miei i tuoi sospiri.
Sono roccia plasmata da te.

Mi chiami.
Sei il vento ansante
che si consuma su di me:
ascolto le tue grida di aiuto.
Sono roccia ancorata alla terra.

Mi vuoi.
Sei il vento impetuoso
che torna per erodermi:
mi arrendo al tuo desiderio.
Sono roccia frantumata.

Volo.
Sono polvere nel vento.

Your Silence

To grow up hating me,
My flesh, my bones.

To grow up taking care of me,
My soul, my mind.

Now you have opened the window
I always kept closed,
You have crossed my body
And you've read into me.
You felt I was for you
And I believed you:
I gave you the beauty,
Without armour or shield,
I showed you my fears,
The fragilities of which I'm made.

Don't make me regret!
Don't hurt me!
Love me, like this,
As I am!

But my weaknesses,
Like knives,
Arm your hand that sinks
Every day in my bowels
Making them cry bitter hatred.

I want to fight you
With your own weapons,
But I cannot…

You hide,
I cannot...

I don't know who you are,
Nor what you want from me...
I cannot...

Helpless,
I listen to your silence.

Il tuo silenzio

Crescere odiando me,
la mia carne, le mie ossa.

Crescere curando me,
la mia anima, la mia mente.

Ora hai aperto la finestra
che tenevo chiusa da sempre,
hai valicato il mio corpo
e mi hai letto dentro.
Mi sentivi per te
e ti ho creduto:
ti ho dato la bellezza,
senza corazza né scudo,
ti ho mostrato le paure,
le fragilità di cui son fatta.

Non farmi pentire!
Non farmi male!
Amami, così,
per come sono!

Ma le mie debolezze,
come coltelli,
armano la tua mano che affonda
ogni giorno nelle viscere
facendole piangere odio amaro.

Vorrei combatterti
con le tue stesse armi,
ma non posso…

ti nascondi,
non posso...

non so chi sei,
né cosa vuoi da me...
non posso...

Inerme,
ascolto il tuo silenzio.

Fields in Bloom

(To the feverish love of Elizabeth Barrett Browning and Robert Browning)

The darkness of my soul
Has lit
To the sound of your words.
From the old oak
New leaves germinated.
An exasperated blackness
Wanted to swallow me
And turned to the red colour of poppies
That you offer me every day.
I voraciously eat the petals
And I forget.
I have satiated my hunger.

I offer poppies to you
On sheets of paper
To damn you, mind and flesh.
I give away febrile hopes
Replacing your colours
For those of a pleasure
That is only in your dreams.
But one day, my dear,
We will break in flight
To the fields in bloom
And, qualms and agonies finally abandoned,
We will find ourselves making love.

Campi in fiore

(Dell'amor febbrile di Elizabeth Barrett Browning e Robert Browning)

Il buio della mia anima
si è rischiarato
al suono delle tue parole.
Dalla vecchia rovere
sono germinate nuove foglie.
Il nero esasperato
che voleva inghiottirmi
ha virato al rosso dei papaveri
che mi offri ogni giorno.
Vorace ne mangio i petali
e dimentico.
Sazio la mia fame.

Ti offro papaveri
su fogli di carta
per dannarti mente e carne.
Regalo febbrili speranze
cambiando i tuoi colori
con quelli di un piacere
che è solo nei tuoi sogni.
Ma un giorno, anima mia,
romperemo in volo
sui campi in fiore
e, abbandonate remore e agonie,
ci scopriremo a fare l'amore.

The Sirens' Song

I hear the sirens' song.
I want to resist it.
I want to resist you.
I'm not Ulysses.

I rode the waves
Of your sea,
I landed on Eea[ix]
To live you, love you
And make myself live.

I wandered among the rocks,
Between thick shrubs
I got hurt and I cried.

"Where are you, my soul?
I don't know the land
That my lips now taste.
I don't know this flower
With milk petals,
But I know it will save me,
Yes, the Moly[x] will save me
From your perverse flattery!"

"Where are you, my heart?
I wait here on this rock,
As I observe the insatiable
Movement of the sea
That calls me, raucous and violent.
I want to take you with me and I don't see you!
The sun, the sky, the sea
What am I without you?"

In the jaws of the snake,
The *kykeon*[xi].

Now I know
Your song
Was not for me,
It was for you.
Now I know
Your Love
Tore my life apart.

I walk away from the shore,
But I hear again
The sirens' song.
I'm back to you,
I'm always here for you.

Your cunning has won.
My dream is defeated.

Your song
Still conquers me.

Il canto delle sirene

Odo il canto delle sirene.
Voglio resistergli.
Voglio resisterti.
Non sono Ulisse.

Ho cavalcato le onde
del tuo mare,
sono approdata su Eea[xii]
per viverti, amarti
e farmi vivere.

Ho vagato tra le rocce,
tra spessi arbusti
mi son ferita e ho pianto.

"Dove sei, anima mia?
Non conosco la terra
che ora provano le mie labbra.
Non conosco questo fiore
dai petali di latte,
ma so che mi salverà,
sì, il Moly[xiii] mi salverà
dalle tue perverse lusinghe!"

"Dove sei, cuore mio?
Ti aspetto qui, su questa rocca,
mentre osservo l'insaziabile
movimento del mare
che rauco e violento mi chiama.
Voglio portarti con me e non ti vedo!
Il sole, il cielo, il mare
cosa sono senza te?"

Nelle fauci del serpente,
il ciceone[xiv].
Ora so

che il tuo canto
non era per me,
era per te.
Ora so
che il tuo Amore
mi ha strappato la vita.

Mi allontano verso riva,
ma odo di nuovo
il canto delle sirene.
Ritorno da te,
sono sempre qui per te.

Ha vinto la tua astuzia.
Il mio sogno è sconfitto.

Il tuo canto
mi conquista ancora.

Words

Words spoken, unspoken,
Written, unwritten,
Screamed silently,
Sung and then disowned,
As chimeras
They have deceived our strength
Without letting it get out of our dreams,
Revealing the echo,
Isolating us in the limbo
Of the answers not given.

I continue to live
In the abyss of my fears.
I insist in my desire
To be the sea of your ports,
To love you in the shadows
Even now that I feel
My perfume
Beat into your mind.
Be careful, my love!
You don't know the intensity.

Your lighthouse continues
To illuminate the fog,
While my imagination
Swells to play with you.

Timid words, imprudent,
Funny, seductive, perfect
Fill the spirited glasses
Of our lives.

Hidden words,
They know and don't tell.

Powerless,
We surrender
To the intangible sound
Of the words.

Parole

Parole dette, non dette,
scritte, non scritte,
urlate in silenzio,
cantate e poi rinnegate,
come chimere
hanno illuso la nostra forza
senza farla uscire dai sogni,
svelandone l'eco,
relegandoci nel limbo
delle risposte non date.

Continuo a vivere
nell'abbisso delle mie paure.
Mi ostino a desiderare
di essere il mare dei tuoi porti,
ad amarti nell'ombra
anche ora che sento
il mio profumo
battere nella tua mente.
Attento, Amore!
Non ne conosci l'intensità.

Il tuo faro continua
a rischiarare la nebbia,
mentre la mia fantasia
si gonfia per giocare con te.

Parole timide, imprudenti,
divertenti, seducenti, perfette
riempiono i briosi calici
delle nostre esistenze.

Parole nascoste,
sanno e non dicono.

Impotenti,
ci abbandoniamo
al suono intangibile
delle parole.

I Wanted

I wanted to wash you away from me
As the morning shower
Washes the smell of night
Away from the limbs.

I wanted you to stop
Moving the dunes of the desert
In the impossible search
Of our oasis.

I wanted to feel invincible
To combat
Your illusions,
That are now part of my flesh.

I wanted to shout to you one thousand times,
And one thousand times more:

"I love you sweetly,
Madly,
Intensely
I love you in the kiss
The sun gives to the earth,
And in the purple
Clouds of August!
I love you when the moon
Faints,
When the sea
Can breathe no more!
I love you in the infinite Universe!
I love you!"

I wanted to love you so!
My ink does it in my stead.

Volevo

Volevo lavarti via da me
come la doccia mattutina
lava le membra
dall'odore della notte.

Volevo che smettessi
di muovere le dune del deserto
nell'impossibile ricerca
della nostra oasi.

Volevo sentirmi invincibile
per combattere
le tue illusioni,
ormai carne dentro me.

Volevo urlarti mille
e mille volte ancora:

"Ti amo dolcemente,
follemente,
intensamente!
Ti amo nel bacio
del sole alla terra,
e nelle purpuree
nubi d'agosto!
Ti amo quando la luna
perde i sensi,
quando il mare
non ha più fiato!
Ti amo nell'Universo infinito!
Ti amo!"

Così volevo amarti!
Il mio inchiostro lo fa per me.

The Farewell

Do you feel it, oh wind,
As his breath dies out
In the now defeated rubble?

Do you feel it, oh sea,
As his sailing ship goes
Beyond the limits of the horizon?

Do you feel them, oh earth,
These chills rise
On the skin already withered?

And you, oh water,
Do you feel stunned
Just staring at him from your mirror?

You must know that only heaven knows
How many the mute stars are,
Visible only to the Angel
Who will announce the farewell!

Il congedo

Lo senti, oh vento,
come il suo fiato si spegne
tra le macerie ormai vinte?

Lo senti, oh mare,
come il suo veliero si spinge
oltre i limiti dell'orizzonte?

Lo senti, oh terra,
quali brividi si innalzano
sulla pelle già avvizzita?

E tu, oh acqua,
ti senti stordita
solo fissandolo nel tuo specchio?

Sappiate che giusto il cielo conosce
quante siano le mute stelle,
solo visibili all'Angelo
che annuncerà il congedo!

Memories

The tireless, faithful breeze
Blows on the balustrade,
While scarlet clouds
Are reflected in the lake
Like burning islands.
The murmur of the trees
Rocks the moored boats
And sitting on the dock
Contemplating the enchantment
Of the rippled water,
A man, broken by time,
Remembers his childhood, the baths,
The naked bodies under the light,
The turf and the love.
He remembers the burning heat
Of a virgin mirror,
When the uncertain willows
Covered life
Which furiously screamed
Its thirst for abandonment.
He remembers the perfect hands,
Studded with gems
With small, nuanced petals
The emerald eyes,
Luxuriant and fresh.
Suddenly,
The smile of the mind
Gives way
To weeping and the thin
Hope to find again
The beloved face, right there,
At the bottom of the lake.

Ricordi

La brezza infaticabile
e fedele
spira sulla balaustra,
mentre nubi scarlatte
si riflettono nel lago
come isole in fiamme.
Il mormorio degli alberi
culla le barche ormeggiate
e seduto sul molo,
contemplando l'incanto
dell'acqua increspata,
un uomo, liso dal tempo,
ricorda l'infanzia, i bagni,
i corpi nudi sotto la luce,
il manto erboso e l'amore.
Ricorda il calore ardente
di uno specchio vergine,
quando incerti i salici
coprivano la vita
che furiosa gridava
la sua sete d'abbandono.
Ricorda le mani perfette,
imperlate di gemme
dai piccoli petali sfumati,
gli occhi smeraldo,
rigogliosi e freschi.
D'improvviso,
il sorriso della mente
cede il passo
al pianto e alla sottile
speranza di ritrovare
il volto amato, proprio lì,
in fondo al lago.

It Is Love

Tonight the air is different;
It is swollen with the tired silence
Of a mysterious and languid nature;
It is charged with the mute force
Of words about to explode.

I want to fly and meet the sky
And touch the imperceptible sounds
Of clouds after the storm.
I want to open my heart
To the colours of waves, while
The wild love of spring shouts.

Maybe you think I'm crazy
When I look for the wind on my skin
And I run naked in the night.
Maybe you think it's crazy
If I want to lie at dawn
And breathe in the song of seagulls.

It is love that exhales its scent,
That chokes the breath in my throat,
That makes me free to live.
It is love that palpitates in your arms,
While in your limpid eyes
I read the sea and the stars.

È l'amore

Stasera l'aria è differente;
è gonfia del silenzio stanco
della natura misteriosa e languida;
è carica della forza muta
delle parole pronte all'esplosione.

Voglio volare incontro al cielo
e toccare i suoni impercettibili
delle nuvole dopo la tempesta.
Voglio aprire il mio cuore
ai colori delle onde, mentre grida
l'amore selvaggio della primavera.

Forse pensi che sia pazza
quando cerco il vento sulla pelle
e corro nuda nella notte.
Forse credi che sia folle
se voglio stendermi sull'alba
e respirare il canto dei gabbiani.

È l'amore che esala il suo profumo,
che strozza il respiro in gola,
che mi rende libera di vivere.
È l'amore che palpita tra le tue braccia,
mentre nei tuoi occhi limpidi
leggo il mare e le stelle.

La Seine

You said to me: "Let yourself be seduced
By the indomitable wind of spring,
By the light of flowers on the grass,
By the power of trees towards the sky,
By the fullness of my being
When, trembling, it cradles your body".

You told me: "Believe me and live
According to the dance of the seasons,
Riding the darkest night,
Moved by the light of stars,
Loving the insane lust
Of our endless kisses".

I did not know your love
Hid loneliness,
Or that your eyes were
The attractive desert
Like these waters
In which I lost control,
I lost myself.

I did not think the Seine
Was the mud in which
You swallowed all hope,
Cancelling my every song
From the fleshy lips,
Accelerating the race
Of my bones towards the sea.

I'm silent
In my struggle...

I agonise.

I'm sad…

Je suis triste…
Parce que tu me manques…

And I keep watching the water
Flow, retrieving memories
Between stones and black candlesticks,
Between cherubs and winged horses.

Sweet memories of walks
Along the river, while
Our bodies grew
And our souls
Filled us
Like empty bottles
Left open in the rain
Roaring like autumn.

And I keep seeing your eyes
Right here, in front of me,
Dreamy like the stars,
Vibrating in infinite space,
In the play of light and shadows
Of the insatiable night.
The world spies on my thought
When it flies to the hugs
On the Mirabeau bridge,
When it moves away from the form
To return to the origin,
Looking for you in the reflections of the water.

...*tu me manques*...

I leave my thinking
And its deceptions.
I hear the music
Drain my veins.
Why must I choose?
Can't I wait
For the day to come and save me?

I look up and everything shines,
Everything is a single big point,
Bright and aimless.
It is only the eye of the night
That loosens the mouths;

It is the unknown lantern
That breaks the pain of steps
Pale and brittle;
It is the lighthouse that illuminates the mind
And cages the mystery of man,
Renewing it at every dawn.

... tu me manques...

Why did you leave?
Couldn't you wait for
The natural passage
On the bridge of time?
Couldn't you continue
To walk among the poppies
In bloom, while Life smiled at you?

...tu me manques...

I gave up the light,
The scent of your skin,
The poetry dripping
From your eyes when
We breathed in the sunsets
As we walked along the Allée des Cygnes,
While the eternal fire
Of freedom burned on the torch
To illuminate the world,
And sow unconscious tensions
In the boundless hug
Of our timeless arms.

I gave in to the lures
Of water thinking it was
The fluid of life that soothes
The movements of the foetus and nourishes it,
Thinking it could wash away
My sins and make me new
In the eyes of the world
I'm about to leave;
Now the water has invaded me,

It's in my lungs, in my bones.
I feel I'm slipping down,
I'm going into the deep darkness.

I'm free to love you, finally,
I'm free to shout
My love,
Our love!

I'm dying
And I do not stop thinking about you,
About your smile, your kisses...

Je meurs pour toi ...
parce que tu me manques ...

La Seine

Mi dicevi: "Lasciati sedurre
dal vento indomito di primavera,
dalla luce dei fiori sull'erba,
dalla forza degli alberi al cielo,
dalla pienezza del mio essere
quando culla fremente il tuo corpo".

Mi dicevi: "Credimi e vivi
seguendo la danza delle stagioni,
cavalcando la notte più scura,
mossa dal sol lume delle stelle,
amando la lussuria sfrenata
dei nostri baci senza fine".

Non sapevo che il tuo amore
nascondesse la solitudine,
che i tuoi occhi fossero
il deserto attraente
come queste acque
nelle quali ho perso il controllo,
ho perso me.

Non pensavo che la Senna
fosse il fango nel quale
hai inghiottito ogni speranza,
cancellando ogni mio canto
dalle carnose labbra,
accelerando la corsa
dei miei resti verso il mare.

Sono silenziosa
nella mia lotta...

agonizzante.

Sono triste...

Je suis triste...
parce que tu me manques...

E continuo a guardare l'acqua
che scorre recuperando memorie
tra pietre e neri candelabri,
tra cherubini e cavalli alati.

Dolci ricordi di passeggiate
lungo il fiume, mentre
i nostri corpi crescevano
e le nostre anime
si riempivano di noi
come bottiglie vuote
lasciate aperte sotto la pioggia
scrosciante d'autunno.

E continuo a vedere i tuoi occhi
proprio qui, davanti a me,
sognanti come le stelle,
vibranti nello spazio infinito,
nel gioco di luci e ombre
dell'insaziabile notte.
Il mondo spia il mio pensiero
quando vola agli abbracci
sul ponte Mirabeau,
quando s'allontana dalla forma
per ritornare all'origine,
cercando te nei riflessi dell'acqua.

...tu me manques...

Esco dal mio pensiero
e dai suoi inganni.
Sento la musica
defluirmi nelle vene.
Perché devo scegliere?
Non posso aspettare
che arrivi il giorno a salvarmi?

Alzo gli occhi e tutto brilla,
tutto è un unico grande punto
brillante e senza meta.
È solo l'occhio della notte

che slaccia le bocche;
è la lanterna sconosciuta
che fende il dolore di passi
pallidi e sfibrati;
è il faro che illumina la mente
e ingabbia il mistero dell'uomo,
rinnovandolo in ogni alba.

...tu me manques...

Perché sei andato via?
Non potevi attendere
il naturale passaggio
sul ponte del tempo?
Non potevi continuare
a camminare tra i papaveri
in fiore, mentre Vita ti sorrideva?

...tu me manques...

Ho rinunciato alla luce,
al profumo della tua pelle,
alla poesia che stillava
dai tuoi occhi quando
respiravamo i tramonti
camminando per l'Allée des Cygnes,
mentre il fuoco eterno
della libertà ardeva sulla torcia
per rischiarare il mondo,
sementando inconsce tensioni
nella sconfinata stretta
delle nostre braccia senza tempo.

Ho ceduto alle lusinghe
dell'acqua pensando fosse
il fluido della vita che lenisce
i movimenti del feto e lo nutre,
pensando potesse pulire
i miei peccati rendendomi nuova
agli occhi del mondo
che sto per lasciare;

ora l'acqua mi ha invaso,
è nei miei polmoni, nelle mie ossa.
Mi sento scivolare giù,
sto andando nel buio profondo.

Sono libera di amarti, finalmente,
sono libera di gridare
il mio amore,
il nostro amore!

Sto morendo
e non smetto di pensare a te,
al tuo sorriso, ai tuoi baci...

Je meurs pour toi...
parce que tu me manques...

Index

Preface 5

Prefazione 9

My Little Portuguese 12

Mia piccola portoghese 14

Beat 16

Battito 17

Man..18

Uomo 19

The Sea 20

Il mare 21

Your Heart...22

Il tuo cuore 23

Not Without You...24

Non senza te 25

... And the Moon Tells 26

...e la luna racconta 27

At the Seaside 28

In riva al mare 29

Forgetting You..30

Dimenticandoti 31

The Wire 32

Il filo...33

Stairs..34

La scala 35

I Never Told You..36

Non ti ho mai detto...37

Milk and Honey..38

Latte e miele..40

On the Banks of the Night..42

Sulle sponde della notte..43

Origin..44

Origine 45

I Would Lose Myself..46

Io mi perderei..47

I Saw You 48

Ti ho visto..49

Sprays Of Life 50
Spruzzi vitali 51
Rain of Words 52
Pioggia di parole 53
I'll Be Back to You 54
Torno da te..55
Under the Sheets 56
Tra le lenzuola 57
Verses..58
Versi 59
Wings...60
Ali 61
Echoes 62
Echi 63
Bud 64
Germoglio 66
You Are Wind. I'm Rock. 68
Sei vento. Sono roccia. 69
Mi cerchi. Sei il vento sferzante 69
Your Silence 70
Il tuo silenzio..71
Fields in Bloom 72
Campi in fiore 73
Il canto delle sirene 76
Words...78
Parole 79
I Wanted..80
Volevo 81
The Farewell 82
Il congedo 83
Memories...84
Ricordi 85
It Is Love..86
È l'amore 87
La Seine 88
La Seine 92

Acknowledgements

I would like to thank my publisher CP and its Director, Stefania Del Monte, for trusting me and giving me the opportunity to present my poems internationally through this bilingual edition: her unfailing support and wise advice have guided me through the whole process.

I also wish to thank Rebecca Bowman for her precious contribution in writing the Preface and for her invaluable suggestions, Rosa Gallego Del Peso for giving me the opportunity to feature her wonderful photo on the cover and graphic designer Francesco Caponera for designing it beautifully.

Thanks to Libertad Betancourt, artist and friend, for supporting me in this adventure and to Fernando Val Garijo for helping me with the translation.

Last but not least I thank my family, and especially my children, who always inspire me, and all of you readers, for your continuous appreciation.

The author

Elisabetta Bagli was born in Rome (Italy) in 1970 and lives in Madrid since 2002. She is a translator, writer, poet, essayist, columnist, prologue, radio correspondent, representative of several Spanish, Italian and international cultural Associations, event organiser. Her work has been translated and published into twenty languages and has received several Italian and international awards. She is an Honorary Member of the NGO THRibune, Tribune for Human Rights and has collaborated with the Esther Koplowitz Foundation. She is also correspondent for Spain for Ciao Magazine and a presenter for Radio ICN New York, as well as for Radiosatelitevisión and Americavisión, based in Chile.

Contacts

Website   elisabettabagli.com
Instagram   instagram.com/elisabettabagli

Endnotes (bilingual)

---

[i] Robert Browning, the famous English poet, called his wife, the poet Elizabeth Barrett Browning, "My little Portuguese". From this circumstance, the "Sonnets from the Portuguese" by the poetess were born: a great example of love poetry, by which this collection of poems is inspired.

[ii] Robert Browning, il famoso poeta inglese, chiamava "La mia piccola portoghese" sua moglie, la poetessa Elizabeth Barrett Browning. Da questo evento si pensa la creazione de "I sonetti dal portoghese" della poetessa, grande esempio di poesia amorosa a cui è ispirata questa raccolta di poesie.

[iii] This poem is inspired by the song Grow old with me, which in turn is inspired by a variety of sources: the poem written by Robert Browning titled Rabbi Ben Ezra and a song written by Yoko Ono, titled Let Me Count the Ways (which in turn was inspired by the poem by Elizabeth Barrett Browning by the same title). John Lennon and Yoko Ono had been great admirers of Robert and Elizabeth Browning's poetry for a long time, and the two songs were deliberately written with the two poets in mind. Furthermore, it seems that the two artists felt like the reincarnation of the Browning spouses.

[iv] Questa poesía è ispirata alla canzone "Grow old with me" che a sua volta è ispirata a un'amalgama di fonti: alla poesia scritta da Robert Browning intitolata "Rabbi Ben Ezra" e a una canzone scritta da Yoko Ono, intitolata "Let Me Count the Ways" (che a sua volta era ispirata alla poesia di Elizabeth Barrett Browning che porta lo stesso titolo). John Lennon e Yoko Ono erano stati dei grandi ammiratori della poesia di Robert ed Elizabeth Browning per un lungo periodo di tempo e le due canzoni vennero deliberatamente scritte pensando ai due poeti. Inoltre, sembra che i due artisti si sentissero come la reincarnazione dei coniugi Browning.

[v] This poem is dedicated to Lidia Ferrara, Italian poetess and literary critic who suggested the title of this poem to me, which was previously titled Together, and then changed into Sprays of life.

[vi] Questa lirica la dedico a Lidia Ferrara, poetessa e critica letteraria italiana che ha suggerito il cambio del titolo di questa poesia che al principio si chiamava "Insieme" in "Spruzzi vitali".

[vii] The Salar de Uyuni is the largest salt desert in the world and, in addition to being a major economic resource for the Potosí area in Bolivia, it is a major tourist attraction located right in the Andes mountain range.

[viii] Il Salar de Uyuni è il più grande deserto salino del mondo e, oltre a costituire una grande risorsa economica per la zona di Potosí in Bolivia, è una grande attrazione turistica situata proprio nella regione dell'altopiano della Cordigliera delle Ande.

[ix] In Greek mythology Eea is an island in the Mediterranean Sea where the sorceress Circe lived. Ulysses lived there for a year, as it is told in Homer's Odyssey. In the legend of the Argonauts' journey, they arrived on their return journey, right on the island of Eea where they were purified by Circe from the murder of Apsirto. This island was identified by historian and geographer Strabo as Mount Circeo, a promontory overlooking the sea located in the lower Lazio region. Perhaps, in ancient times, it was separated from land and connected to it by a small beach. To remember this legend,

there is still a cave called Grotta della Maga Circe and the ruins of the Temple of Circe, or Venus, in which the head of a statue attributed to the work of the sorceress was found.

[x] Hermes (messenger of the Gods) confides with Ulysses on the secret of defeating the magical arts of Maga Circe: she must add, to whatever drink is offered by the sorceress, a plant called Moly that the messenger gives him. Only in this way will Ulysses be saved.

[xi] Ancestral Greek drink composed of water and barley and various herbs. In the Odyssey, Circe added honey to this mix and poured her magical potion into the drink (X, 234).

[xii] Eea nella mitologia greca è un'isola del Mar Mediterraneo nella quale viveva la maga Circe con la quale Ulisse convisse per un anno, cosèi come viene narrato nell'Odissea di Omero. Nella leggenda del viaggio degli Argonauti, questi arrivarono, nel loro viaggio di ritorno, proprio nell'isola di Eea nella quale furono purificati da Circe dall'omicidio di Apsirto. Quest'isola venne identificata dallo storico e geografo Strabone con l'attuale Monte Circeo, un promontorio a picco sul mare situato nel basso Lazio. Forse, nell'antichità era separato dalla terra e connesso con essa con una piccola spiaggia. Per ricordare questa leggenda ancora esiste una grotta chimata la "Grotta della Maga Circe" e le rovine del Tempio di Circe o di Venere nel quale venne rinvenuta la testa di una statua che si attribuì all'opera della stessa maga.

[xiii] Hermes (messaggero degli dei) confida il segreto aper vincere le arti magiche della Maga Circe a Ulisse: deve aggiungere a qualsiasi bevanda gli venga offerta dalla maga, una pianta chiamata Moly che lo stesso messaggero gli dona. Solo così Ulisse si salverà.

[xiv] Ciceone è una bibita greca ancestrale composta da acqua ed orzo ed erbe varie. Nell'Odissea, Circe aggiungeva miele e verteva la sua pozione mágica nella bevanda (X, 234).

Printed in Great Britain
by Amazon